ALLEZ LE DIRE A ROME

ROME

LETTRE

A MONSIEUR DUPANLOUP

ACCOMPAGNÉE DE NOTES

❦

PARIS

CHEZ JOUGLET, ÉDITEUR

RUE DE BABYLONE, No 62

1872

ALLEZ LE DIRE

A

ROME

LETTRE

A MONSIEUR DUPANLOUP

ACCOMPAGNÉE DE NOTES

> « Le véritable Évangile, l'organisa-
> « tion des assemblées primaires et la
> « république sont trois empreintes
> « d'un même cachet. » [FRANKLIN.]

PARIS

CHEZ JOUGLET, ÉDITEUR

RUE DE BABYLONE, N° 62

1872

LETTRE A MONSIEUR DUPANLOUP

MONSIEUR,

Vous avez adressé à M. Gambetta une lettre qui contient cette sommation et ce défi : L'Église, par la bouche de l'évêque d'Orléans, somme l'Etat, en la personne de l'ex-dictateur, de donner le programme de l'enseignement laïque, et le défie de se prononcer pour ou contre la réalité d'un Dieu personnel et vivant.

Bon ! me disais-je, voilà le débat qui s'élève, et nous allons avoir une querelle de pape et d'empereur. Pas du tout. Nul n'a songé à vous répondre, ce dont j'enrage.

Certainement, je n'eusse point pris la plume, si quelqu'un m'eût prévenu, je ne suis pas sans savoir qu'il y a des hommes plus intelligents, plus instruits ou plus autorisés que moi, et tous, grâce au ciel, ne sont pas avec vous.

Selon ma statistique, ils peuvent être une centaine de mille, en notre pays, bien entendu, car, pour les étrangers, je ne les connais guère, je sais cependant, d'après leur propre témoignage, qu'ils ne nous valent pas, même en supposant que l'on doive nous imputer la commune, dont les instigateurs et les approbateurs ne sont français, ni par le caractère, ni par l'esprit surtout, le génie de notre nation étant la recherche de l'unité.

Il n'y paraît point, c'est incontestable, mais il ne faut pas nous juger sur la cohue tourmentée, babillarde et tapageuse, qui nous recouvre plutôt qu'elle ne nous représente. Le monde parlementaire, publiciste et clubiste n'est pas la France, je mets en dehors les exceptions, qui confirment la règle, et particulièrement M. Thiers, auquel nous devons d'avoir, il n'était que temps, mis de l'ordre dans nos affaires.

Quoi qu'il en soit, puisqu'aucun de ceux qui sont plus capables que moi ne se présente pour vous réfuter, parce qu'ils sont, à tort, exceptionnellement soigneux de bien faire dans leurs professions, j'ose l'entreprendre pour eux, sans mandat.

Mais, au lieu de répondre à votre provocation, en *répliquant* (1), tout droit, ses propres termes, nous y répondrons, à notre convenance, en traitant, avec vous, ces trois sujets : le *Socialisme*, l'*Éducation* et le *Suffrage universel.*

Bien que la réforme de l'éducation publique soit la seule question pendante ici, nous devons aborder l'examen du Socialisme, parce qu'il est le fait capital motivant cette réforme, et la critique du suffrage universel, parce que cette réforme ne peut avoir son principe qu'en lui.

I. *Du Socialisme.*

Donc, avant tout [ce n'est plus moi qui parle, ce sont ceux dont je me fais le mandataire], occupons-nous du Socialisme, ce fléau dont vous rendez responsables vos antagonistes, uniquement parce qu'ils ne fraient pas avec vous, et à l'endroit duquel vous n'avez pas su trouver le moindre mot qui trahisse votre miséricorde indubitable pour les victimes de ses appâts.

Quant à son origine, elle est le discrédit de la

(1) Dict. Littré, mot *Répliquer*. Citat. xve s. Froissard.

philosophie, de la religion et de la politique, ou, plus précisément, l'idée de leur subordination définitive à des lois machinales d'organisation, qui seraient, soi-disant, aussi certaines que les lois géométriques. La marmite fouriériste est le type de cette innovation (*a*).

Cette idée fut d'abord le partage de quelques rêveurs, infatués des sciences dites seules exactes, mal à propos, attendu que, si notre intelligence est apte à l'exactitude, elle ne l'est pas sur des sujets particuliers, à l'exclusion de tous les autres. Si la fantaisie humaine se prête à réaliser des anomalies de cette espèce, il ne saurait en être de même de la nature.

Bientôt l'erreur, secondée par l'inculture et l'appétition des esprits, pénétra jusque dans le fond de la pensée d'un nombre assez notable de travailleurs.

Au lieu de côtoyer l'invasion lente, mais continue de cette idée fausse, pour la combattre opportunément par une propagande énergique d'idées vraies, les chefs de l'Église et de l'État persistèrent à s'oublier dans leurs dogmes et dans leurs routines.

Et il ne pouvait pas en être autrement, puis

qu'ils avaient souffert, sans sourciller, et même encouragé les spéculations dont le Socialisme fut l'efflorescence.

En effet, les Adam Smith et les Jean-Baptiste Say avaient enseigné, premièrement, qu'il y a des faits de production, d'échange et de consommation, absolument indépendants des faits intellectuels et moraux, tandis que, tout au contraire, il est manifeste qu'une richesse n'est richesse, économiquement parlant, que par l'intervention de l'intelligence du producteur, de l'équité de l'échangeur et de la sagesse du consommateur. Deuxièmement, les économistes conclurent, de leur premier principe, cet autre, que le gouvernement ne devait pas s'immiscer dans les applications de leurs théories.

L'Église n'a pas protesté, forte de cette raison, assurément très-légitime, qu'il n'y a pas d'intérêts matériels proprement dits, en prenant ce mot *matériels* à la lettre, et cela, parce que l'union intime du corps et de l'esprit ne peut pas comporter de besoins isolément corporels.

Du reste, pourquoi aurait-elle fulminé, lorsqu'elle avait toléré sans murmure l'avénement de la philosophie professionnelle qui parque les intelligences en autant de spécialités qu'il y a d'objets de connaissance, et dont la science économique était la conséquence la plus immédiate?

Dès qu'on n'admet plus dans l'homme, distinctement de la vie organique, sensitive, mémorative et imaginative [tout corps], une intelligence [tout esprit], toujours une et toujours la même (1), quels que soient les objets qui lui sont offerts, l'unité des sciences devient utopie, et leur morcellement, réalité.

La coupure une fois faite, on vit s'élever librement, partout, des chaires d'économie politique, du haut desquelles on entendit les conservateurs les plus authentiques inviter les ouvriers à leurs prédications, d'une espèce inconnue jusque-là.

Mais les problèmes économiques étaient, de leur nature, si précisément relatifs et pratiques, en dehors de leur attache à la morale, qu'il a suffi d'un expert en écriture, aussi terre à terre que possible en esprit, pour compromettre toutes leurs solutions *prétendument* (2) théoriques.

Cet écrivain, d'une incontestable habileté, ne

(1) Voir la première des règles de Descartes pour la direction de l'esprit.

(2) Dict. Littré, mot *Prétendument.* Citation 1769.

respecta que les deux principes ci-dessus mentionnés, en les enrichissant d'une couleur d'absolu tout à fait neuve.

Proudhon soutient, en premier lieu, que « l'économie politique est, à la fois et nécessai- « rement, une théorie des idées, une théologie « naturelle, une psychologie, puis encore, la « forme objective et la réalisation d'une méta- « physique (1). »

Il dit, en second lieu, ceci : « Quiconque, pour « organiser le travail, fait appel au pouvoir et « au capital a menti, parce que l'organisation du « travail doit être la déchéance du capital et du « pouvoir (2). »

Assurément, il était aisé d'avoir raison, vis à vis de tous, du dévergondage de plume de cet enfant terrible, mais point, on s'en amusa comme de n'importe quel autre bruit, selon le travers habituel à toutes les sociétés industrialistes, où les faiseurs et les viveurs font florès, et qui s'arrangent plus volontiers de payer des impôts pour acheter des canons, que de penser pour se mettre à même de se défendre avec des idées.

(1) Contradictions économiques.
(2) *Idem.*

En conséquence, on se contenta de créer des ateliers nationaux, que l'on supprima brusquement, à l'heure la plus fébrile, puis, moyennant une stratégie provocatrice, on vint à bout des pauvres, abusés par la faim, la colère, des théories creuses et des scélérats.

Ce coup de force ne purifia pas l'atmosphère intellectuelle, au contraire, il détermina une prodigieuse majorité, pour mettre tout le monde d'accord, à s'enganter d'un monarque socialiste. Et c'est ainsi que l'illusion économique, loin de se dissiper, se fortifia couronne en tête.

En prévision de la catastrophe qui devait succéder à cet entr'acte, et pour parer à de nouveaux malheurs, on ne vit, nulle part, des hommes autorisés, faisant litière de leurs passions et de leurs préjugés, à cette fin de s'unir et de s'entendre.

Tout au rebours de cet assentiment, on s'excita les uns contre les autres jusque dans le même parti, de sorte que, quand la crise fut venue, les déclassés de toutes les nations, les ergoteurs de toutes les officines, et puis encore,... mais passons, se trouvèrent convoqués pour l'exploitation de la misère, du désœuvrement et de l'insanité d'une population qui n'était plus qu'un chaos de matière humaine, et qu'avait réduite à cet état le fait d'avoir à subir une capitulation sans avoir combattu.

La force ne pouvait pas ne pas terminer cette horrible anarchie, mais l'épreuve est assez terrible pour que l'on soit averti du néant des moyens coercitifs, lorsqu'on ne fait usage que d'eux seuls.

Efforçons-nous d'en finir avec le sophisme socialiste, en prouvant, pour n'importe qui, que le fait économique le plus général et le plus certain est que toujours il y aura des capitaux et des pouvoirs constitués [ce qui n'implique en aucune façon l'éternité antichrétienne du paupérisme].

De là, cette conséquence : Plus il y a de division entre les gouvernants et les gouvernés, plus tend à s'accroître, et plus s'accroît finalement, la domination de ceux-là et la sujétion de ceux-ci, en d'autres termes, le maître est d'autant plus le maître qu'il y a plus de désordre dans la maison.

Tel est, selon l'Évangile, l'aspect le plus saisissant et le plus étendu, sous lequel apparaît le

phénomène de la production, de l'échange et de
la consommation, et pourquoi le livre chrétien
recommande l'intelligence et la charité. Qui dit
charité dit conciliation, et surtout organisation,
[il n'y a pas de puissante charité possible sans
elle], non pas du travail, mais du gouvernement.

Ainsi, l'examen du socialisme met en relief
l'incapacité, en général, des pouvoirs issus du
suffrage universel direct, et, par suite, l'urgence,
essentiellement chrétienne, de l'électorat orga-
nisé.

L'institution d'un code politique est tellement
indispensable et tellement indiquée par les faits
accomplis depuis 89, que, quoique nous ne vi-
vions pas dans l'espoir de vous convaincre, vous
et vos collègues en législature, nous sommes cer-
tains que d'autres, plus heureux et mieux inspi-
rés, et l'expérience et le temps, toujours plus dé-
monstratifs, eux au moins, convaincront vos suc-
cesseurs parlementaires.

II. *De l'Education.*

Arrivons au sujet principal de votre lettre,

l'éducation publique, dont la réforme est on ne peut plus sollicitée par l'anarchie monstrueuse des idées, résultant de la préoccupation, absorbante au premier chef, des besoins matériels, enveloppée sous l'étiquette mensongère de socialisme.

Vous dites : « L'Eglise est fondée sur deux « choses : un livre, l'Evangile, un commande- « ment : *Ite et docete*, allez et instruisez.» Puis plus loin : « L'instruction, en soi, primaire et se- « condaire, avec tout ce que M. Gambetta pourra « y ajouter de hautes sciences, d'algèbre et de « chimie, ne donne pas des mœurs... Ce qui in- « flue sur la famille et la société? C'est l'éduca- « tion morale ou immorale, religieuse ou athée.»

Bravo ceci, car il n'y a pas de certitude absolue, sur aucun sujet, pour celui qui n'est pas certain de l'existence de l'auteur des choses. A l'égard de l'Église, la vérité nous impose de vous opposer qu'elle n'a pas reçu par exception et directement du Christ la mission d'enseigner.

Mais avant d'en venir aux raisons qui nous décident à vous contester le monopole [nous ne disons pas la liberté] de l'éducation, établissons bien ce que nous vous concédons.

Premièrement, nous repoussons toute solidarité avec le positivisme (*b*), cette espèce de contrefaçon de la libre-pensée, particulière aux Shaftesbury et aux Bolingbroke, et importée en France par Voltaire (*c*).

Deuxièmement, nous croyons, ainsi que vous, mais point de même, à l'existence d'un Dieu personnel et vivant, à la vie future et à la liberté.

Troisièmement, nous ne demandons pas que l'État se refuse à salarier l'Eglise, utile pour soulager moralement et décorer intellectuellement et physiquement les époques les plus remarquables de la vie publique et de la vie individuelle.

S'il en est ainsi, direz-vous, il est illogique de nous dénier le pouvoir que nous possédons nominativement depuis des siècles. Au bout du compte, vos principes sont les nôtres, hormis des nuances, et nous sommes favorisés d'une organisation que vous n'avez pas et ne pouvez avoir.

A quoi nous répondrons : En matière de principes, il n'y a pas de nuances négligeables, et puis, malgré votre organisation et votre ancienneté, nous ne pouvons rien à votre intention, attendu que nul n'a qualité pour accorder ou refuser l'autorité spirituelle. Elle est, de soi, morte ou vivante, moribonde ou renaissante (*d*). Les décrets humains n'y peuvent mais.

Quant aux Évangiles, ce sont des témoignages de la parole de Jésus, transmis très-humainement par le concile de Nicée, dont l'édit n'oblige pas plus le monde moderne que ceux de notre Assemblée nationale n'obligeront les assemblées futures de la France, d'autant mieux que la majorité du grand concile œcuménique était dominée par l'esprit du christianisme alexandrin, qui n'était rien moins que le dépositaire de la doctrine du Christ, ce dont vous ne pouvez disconvenir vous-même.

Dès lors, pour apprécier les richesses du *Nouveau Testament* et les monétiser, il faut en élaguer, avant tout, comme apocryphe, ce qu'on y a introduit de judaïque et de païen.

Cet important labeur, notons fondamentalement ceci, est l'œuvre par excellence de tout pouvoir, dont la mission consiste à relier (1) l'avenir avec le passé, en vue de l'éducation.

Non-seulement l'Église n'a pas fait ce travail,

(1) *Religare*, religion.

mais encore elle n'a pas su s'approprier celui que Descartes avait accompli, avec le plus étonnant bonheur, sur ce sujet même, sans s'en prévaloir.

Il l'avait légué à ses arrière-petits-neveux sous cette suscription : « Ma philosophie est la plus « ancienne et la plus vulgaire qui puisse être (1). » Impossible de désigner plus catégoriquement, à son époque et d'après la contexture de sa pensée, la source à laquelle il s'était abreuvé (*f*).

Vous devriez savoir, cependant, vous dont l'office, ne craignons pas de l'affirmer de nouveau, est d'entretenir la continuité perfectible de la vie intellectuelle, que sa métaphysique, acclamée par des hommes tels que le cardinal de Bérulle, Molière (*g*), Fénelon et Bossuet, puis épiloguée par mille philosophistes, n'a jamais été réfutée, et ne le sera jamais, parce qu'elle est la vérité, comme le Verbe qui l'inspira.

Vous auriez dû, car tout se tient dans les choses de l'esprit, insister également sur ce point que sa physique est inattaquable, mais non, vous l'avez proscrite chez les Pères de l'Oratoire, ses

(1) *Principes*, IVe partie, § 200 (*e*),

derniers fidèles, en les forçant d'enseigner celle d'Aristote (*h*).

Remorqués par le commun, vous croyez qu'elle est fausse, et vous ignorez complétement que tous ceux qui ont lu *la Dioptrique* de ce grand homme sont unanimes à s'avouer à eux mêmes que jamais aucune étude expérimentale du monde extérieur n'a été mise au jour, qui lui puisse être comparée, pour la clarté, la justesse et la profondeur d'observation.

La cléricature a méconnu à tel degré l'auteur de la *Méthode* que, si ce qu'il a dit de Dieu devenait le principe, laïquement admis, de la science, comme cela devrait être, cet enseignement serait à l'index de Rome.

C'est qu'en effet, la nature de la personne divine, la providence, la prière, la vie future, le paradis, l'enfer, la destinée du genre humain, la liberté et la distinction de l'esprit et du corps sont expliqués par l'instaurateur de la science moderne, et selon l'Évangile, contrairement à la doctrine catholique, apostolique et romaine.

Ce philosophe n'a même pas dissimulé cette opposition, car son épître aux sacrés docteurs en théologie notifie, sans ambages, que cette science est défunte, et que *l'heure estvenue où les hommes ne pourront plus adorer Dieu* ou, autrement dit, *le bien commun de tous* (1), *qu'en esprit et en vérité,* c'est-à-dire en effort de volonté et en évidence de raison. Il est d'ailleurs aujourd'hui reconnu, sans contestation de nulle part, que la théologie est beaucoup plus pourvue des dogmes païens et des subtilités de Platon et d'Aristote (*i*) que de la pure et simple parole de celui qui est mort pourle peuple, *c'est vous-même qui le dites,* et vous n'avez jamais mieux dit.

La constitution sociale de l'antiquité (*j*) avait pour base, chacun sait ça, la croyance à deux natures d'hommes [*civis et hostis*], la force était droit : et Jésus fut crucifié pour être venu annoncer que notre nature est une [*hostis exaltatus est usque ad civem*], et que le droit est dans l'intuition et la liberté, inséparablement unies (*k*).

L'Église a perdu et fait perdre l'intelligence de ce principe, régulateur de la foi, et sanctionné tel par tous les pères du christianisme et les grands docteurs du moyen âge. Puis, dernier résultat, ce qu'on appelait *raison* ne s'appelle plus

(1) Saint Augustin.

que *sentiment* (1) ou *instinct moral* (2). En d'autres termes, *la lumière, qui éclaire tout homme venant en ce monde*, n'est plus envisagée que comme un flair de justice, analogue au flair de chasse chez les chiens.

Après avoir fatalement recousu toutes les superstitions et toutes les arguties anti-chrétiennes que vous avez christianisées de nom, depuis la damnation éternelle jusqu'à la trinité divine, sans vous être jamais soucié de recueillir les affluents de la vérité, d'où qu'ils sortent, pour accomplir la loi, à l'imitation du Christ, vous avez l'audace de nous défier de définir le créateur de l'entendement et de la charité, pour en conclure le programme de notre enseignement !

Or, quand nous disons : audace, nous sommes loin de dire assez, car, en tant que prêtres, vous êtes asservis non pas seulement au pape, il est lui-même esclave, non pas seulement à la lettre d'une tradition, vous êtes asservis à la poussière de cette lettre, — et cet asservissement, vous ne redoutez pas de l'appeler la foi !!! — tandis que nous, laïques, nous sommes l'humanité tout

(1) Pascal.
(2) J.-J. Rousseau.

entière, reflet vivant de la raison divine, et par conséquent nous sommes, pour une part, vous-même aussi, en tant qu'hommes.

Nous vous l'avons déjà dit, et nous vous le répétons, il n'y a que deux explications traditionnelles, ou, ce qui revient au même, possibles, de notre rapport avec Dieu, ou bien sa personnalité vivante se révèle par la volonté humaine, entassant les uns sur les autres des cultes et des dogmes soi-disant sacrés, devant lesquels s'abîme la raison, ou bien l'éternel dispensateur de la vie universelle est manifesté souverainement par la puissance naturelle de distinguer le vrai du faux, accordée même à l'homme de Samarie, en qui Jésus personnifie le prochain.

En moins de mots, ou bien nous devons subir aveuglément le *fatum scriptum*, converti en jurisprudence canonique, ou bien il faut recourir à l'appel au sens commun, ce résumé de l'Évangile, remis en lumière par Descartes.

Mais pourquoi tant de paroles, quand vous vous condamnez vous-même ouvertement, par cette apostrophe à M. Gambetta? « Qui donc vous « rend si ingrat envers les électeurs de Paris ou « de Lyon, qui ont presque tous été élevés par

« les frères, si dur envers les prêtres, qui n'ont
« peut-être pas été inutiles à votre première édu-
« cation, et si injuste envers l'Église ? »

Quel pavé ! monseigneur, vous attribuez au
levain de l'éducation première, donnée par vous
et les vôtres [et vous avez cent fois raison], l'a-
théisme, le nihilisme et le fatalisme que vous
croyez reconnaître dans l'opinion des électeurs,
sans pouvoir vous disculper, en prétextant que
l'*inculcation* (1) des trois vérités adverses de ces
trois mensonges n'est pas de votre ressort.

Les laïques, eux, sont autorisés à se laver les
mains de ce méfait, attendu que le caractère de
leur professorat est d'être spécial : l'un montre la
lecture ou l'écriture, celui-ci les humanités,
celui-là les mathématiques, tel autre les langues
vivantes, ou l'histoire, ou la géographie, ou ceci,
ou cela, sans que onc il s'échange rien de maîtro
à disciple qui vienne de crû. On est universi-
taire, comme on est tailleur, épicier ou maçon.
Utilité, devise de l'industrie, est aussi celle de
l'instruction, dont la fourniture est faite par
l'État.

____

(1) Dict. Littré, mot *Inculcation*. Citat. xvɪᵉ s. Montaigne

3.

Il y a, il est vrai, une spécialité dite psychologique, mais, là même, on opère dans un but méthodiquement objectif. Le psychologue inspecte l'esprit, comme le naturaliste, l'insecte : il décrit, ou, plus exactement, se figure décrire ses pattes, ses ailes, ses antennes et ses mandibules ; quant à l'assainir, est-ce l'affaire du médecin ou du prêtre, ou même de quelqu'un ? Il en ignore. En tout cas, de son propre aveu, ce n'est pas la sienne.

Mais *retournons* (1) sur vous. Les clercs affectent la prétention, abandonnée par les laïques, de forger l'esprit plutôt que de le meubler. Dans leurs colléges, l'éducateur se pique de vivre spirituellement avec son élève, il ne vise point à spécialiser l'intelligence, ou à la contenter, cela le détournerait de sa voie, il aspire à la dresser. Parfait.

Puisque tel est votre office, et que le façonnement de la perspicacité et de la sagacité humaines est sous votre gouverne pendant le premier âge de la vie, comment se fait-il que les fruits s'arrêtent avortés ? De deux choses l'une,

______

(1) Dict. Littré, mot *Retourner*. Citat. xvii° s. Sévigné.

évidemment, ou la nature, c'est-à-dire Dieu lui-même, ou bien l'ordre et la disposition qu'il a mis dans les choses créées, prédétermine en nous un germe réel d'erreur et de malice, ou, si cela n'est pas, c'est votre empreinte sur les esprits qui les maintient enveloppés par les sens, excités par les passions et ensevelis dans le corps.

Bref, il faut rétrograder vers l'antique supposition de l'existence de Satan, et réhabiliter la croyance païenne au péché originel, ou confesser que vous contrariez la perfectibilité naturelle, ou, ce qui est tout un, chrétienne, du pur entendement.

Toutefois, nous sommes de votre avis, lorsqu'à propos de l'instruction obligatoire, vous dites à M. Gambetta: « Soit, si vous pouvez in-
« venter une sanction sérieuse pour votre loi,
« une sérieuse garantie pour la liberté des fa-
« milles, et surtout des maîtres dont vous soyez
« assez sûr pour pouvoir, sans la plus abominable
« des tyrannies, forcer les pères à leur confier ce
« qu'ils ont de plus cher au monde.»

On ne saurait trop vous féliciter, monsieur, vous qui appartenez à la judicature dont fit partie le Saint-Office, de ce public hommage rendu à la liberté de conscience. Nous renchérirons même sur vous. La pénalité qui s'attaque à l'âme elle-même, en elle-même, est plus encore qu'une tyrannie, elle est presque toujours une tartuferie, s'exerçant au nom du bien commun de tous, pour contrecarrer l'essor de ce bien dans son principe.

Il est hors de doute que savoir lire est considérable, mais ce qu'on lira ne l'est pas moins, et la lecture, par son objet, peut tourner plus aisément à perte qu'à profit.

Savoir écrire est aussi un art fort précieux, mais savoir se conduire est d'un prix encore plus grand (*l*).

Pourtant, si nous consentons à reconnaître, à votre instar, que l'instruction rendue obligatoire n'est pas *décrétable* sous on ne sait quelle forme *indégrossie*, nous n'acquiesçons pas davantage à ce que la clef de l'éducation soit dans une obéissance d'inertie au beau premier pouvoir, si personnel et si arbitraire qu'il soit, par cet unique motif qui fait, de hasard, qu'on se trouve attelé à son char.

Savoir obéir est, certes, une habitude à laquelle on n'est jamais plié trop tôt, et dont on retire de merveilleux effets, mais il ne faut pas qu'elle aboutisse à l'énervement de la masse, jusqu'à la courber sous le joug, et à la mobiliser au bénéfice d'une individualité, fût-elle la meilleure entre toutes.

Fatalité n'est plus loi. C'est Christ qui l'a voulu, et la discipline, pas mieux que l'instruction, n'est le *nec plus ultra*.

La nécessité chrétienne et suprême de l'éducation publique est de faire saillir le bon sens et la bonne volonté dont la Providence a déposé le germe dans nos âmes, avec la liberté de le féconder ou de le faire avorter. Or, cette liberté appartient à la famille et à la société aussi bien qu'à l'individu ; en outre, le fait de satisfaire à la nécessité souveraine de l'éducation dépend des lois qui nous régissent, lesquelles nous contournent à leurs allures ; mais cette satisfaction ne s'obtient pas en faisant légiférer tels ou tels personnages, plus ou moins compétents, et nommés à la fortune des brigues, elle exige [pour notre nation, les autres ne nous regardent pas] le concours et l'expérience des hommes les plus intelligents, qui ne sont, ni les plus prompts à comprendre et à se déterminer, ni les plus instruits, ni même les plus inventifs à trouver des solutions.

Quant à la découverte de ces hommes, elle est impossible autrement que par l'organisation préalable des assemblées primaires, dont l'unique (1) office doit être de choisir des électeurs, et dont la non-existence a été la véritable cause de nos désastres, en facilitant outre mesure le triomphe (*m*) de l'imposture et des ruses propres aux esprits vulgaires.

III. *Du Suffrage universel.*

Puisque chacun de nos deux premiers sujets nous amène à traiter ce troisième, la critique du suffrage direct et universel, nous y aviserons, en prenant acte, avant tout, des citations par lesquelles vous semblez vous unir, politiquement, à celui que vous attaquez, d'une façon trop peu charitable, vu les circonstances, en lui appliquant l'épithète malheureuse de jacobin (*n*).

N'importe, voici ce passage de votre lettre : M. Dupanloup dit à M. Gambetta: « Vous voulez

(1) Nous, tous les premiers, nous ne nous jugeons pas compétents, *à priori*, pour aucun autre office électoral.

« un gouvernement fort et durable, protecteur
« vigilant de tous et capable de régénérer la fa-
« mille française. — Ici, monsieur, nous sommes
« certainement d'accord. — Ce gouvernement,
« dites-vous, pacifiera les âmes, rapprochera les
« classes, et rendra à la France son rang en Eu-
« rope. — A merveille encore !... — Pour cela,
« vous faites appel même aux votants désabusés
« du plébiscite, même aux légitimistes... même
« aux conservateurs, qui seront le frein d'une
« politique dont vos amis seront l'aiguillon. Et
« quelle sera cette politique? La politique du
« travail, bien différente de la politique de con-
« quête, le triomphe de l'idée de justice dans
« l'accomplissement des devoirs sociaux... Et
« comment persuader et entraîner vers ce but le
« suffrage universel ? En donnant à l'opinion pu-
« blique, par les fréquentations démocratiques,
« les preuves de la moralité, de la valeur poli-
« tique, de l'aptitude aux affaires du *parti répu-*
« *blicain...*»

Eh bien, dans cette harangue à laquelle vous
applaudissez, parce que vous avez le sens trop
juste pour ne pas admettre la république, comme
le seul gouvernement désormais possible, com-

ment se fait-il que vous ayez laissé passer ces deux derniers mots, *parti républicain*, auxquels nous trouvons, nous, très-grandement à reprendre ?

La république est le bien commun de tous, donc elle ne comporte aucun esprit de parti, et ne saurait être l'affiche d'un prétendant, dictateur ou roi, l'un vaut l'autre. La souveraineté d'un seul, il y a longtemps que l'on est fixé là-dessus, n'est une assurance de stabilité que sous le régime d'une loi, inviolable par la consécration du consentement universel et de l'ancienneté ininterrompue.

Ce consentement et cette ancienneté n'existant plus, il n'est pas défendu d'en être affligé, mais il devrait être interdit de s'en passer, et de venir proférer des menaces de plébiscites et de coups d'Etat.

La prohibition de quémander un maître n'est pas la garantie unique à stipuler, il en est une autre qui se rapporte à la *représentation natio-nale*, ce principe auquel nous sommes fiers de nous rallier.

Mais, en la respectant et en la soutenant jusque dans ses écarts, on peut et même on doit indiquer les modifications, si l'on en aperçoit, qu'il serait à propos d'apporter à sa constitution.

La *procédure* (1) en vigueur est l'élection directe, examinons donc ce pacte fondamental. Dix millions de Français sont appelés chacun à choisir un ou plusieurs députés ; naturellement tous espèrent concourir au résultat ; puis, en vue de ce résultat, on les réduit à s'informer, vaille que vaille, des noms présumés susceptibles de succès ; et comme les porteurs de ces noms ne peuvent pas leur être, à beaucoup près, suffisamment connus, ils votent, sous la pression d'une contrainte évidente, avec les apparences de la plus entière liberté.

D'autre part, entre les moyens d'action offerts aux candidats, il y en a une foule de mauvais, et pas un franchement bon. Ainsi, l'argent, l'entregent, la complaisance et la flatterie, la réclame au cabaret, à l'auberge, au café, au cercle, au club et dans la presse, l'esprit de ruse, l'ambition, l'orgueil, tout enfin ce qui dépend du savoir-faire ou le suscite. Dès lors, celui qui sait veut et peut chauffer ou refroidir une candidature,

(1) Dict. Littré, mot *Procédure*, Citat. XVIᵉ s. Lanoue,

devient l'un des meneurs préparant les élections et, par suite, engendrant le pouvoir législatif.

Il ne serait cependant pas impraticable d'organiser (o) des assemblées primaires, dont chacune désignerait un électeur, de manière à composer un total de deux cent mille, peut-être plus, peut-être moins, ayant la tâche difficile de déclarer les législateurs.

Telle est la deuxième garantie (1) dont on se dispense, parce que ceux qui pourraient y pourvoir n'en veulent point.

Pas plus les uns que les autres, messieurs les députés, vous n'abdiqueriez en faveur du principe qui restituerait le sort de la France à la France elle-même. Vous parlez tous d'elle avec amour et sincérité. Soit. Mais, hélas ! votre foi ne va pas jusqu'à l'estimer capable de se sauver plus sûrement, sans tutelle, que par le conflit de vos palliatifs.

CONCLUSION.

La stabilité sociale nécessite que l'on se décide constitutionnellement pour l'un ou l'autre

(1) N'oublions pas la première.

de ces deux principes : 1° celui des païens ou du péché originel, ou de la distinction des élus et des réprouvés, restauré par le christianisme alexandrin, rallumé par l'inquisition, et maintenu même par la réforme et par le jansénisme ; 2° celui des véritables chrétiens, ou de la perfectibilité, ou d'une seule nature humaine (définie par le bon sens ou la raison), réinstitué par Descartes, puis affirmé plus ou moins ouvertement par Molière, Voltaire, Franklin et Béranger. D'après cela, vous cléricature et vos fidèles, vous représentez le paganisme, et, nous laïques, ayant foi dans les trois vérités religieuses annoncées par l'Évangile, nous seuls avons le droit, politiquement, de nous dire chrétiens.

Maintenant que, grâce aux renseignements puisés aux meilleures sources qu'il nous a été donné de consulter [je reprends la parole en mon propre et privé nom], vous avez reçu de mes maîtres la définition du Dieu personnel et vivant, qui doit être et qui deviendra, tôt ou tard, par le suffrage universel, le principe de l'enseignement laïque, ALLEZ LE DIRE A ROME.

Cette sortie, quant à la forme, est du plus mauvais goût, je ne dis pas non ; mais, quant au fond, elle donne l'idée vraie de mes sentiments, et, par suite, elle est excellente, car je vous réprouve de toutes mes forces, de tout mon cœur et de tout mon esprit, comme éducateur et comme homme politique, ce qui ne m'empêche pas de vous respecter comme instructeur d'obéissance et de piété, et comme représentant actuel de la nation.

Votre serviteur,

ALPHONSE JULLIEN,
Auteur d'une étude sur l'éducation, intitulée :
Les Hommes providentiels.

NOTES

(*a*, p. 6.) En cette année même (1872) nous avons rencontré, sans l'avoir cherché le moins du monde, un fidèle de la *phalange,* telle que l'avait conçue son inventeur. Ce phalanstérien pur nous a tenu à peu près ce langage : « Je suis professeur de *sociale,*
« science qui se démontre rigoureusement, comme
« la géométrie, et qui permettra de résoudre la
« question du paupérisme. — Nous sommes trois ou
« quatre, dont l'un achèvera prochainement l'orga-
« nisation du travail. — Le sauveur du monde est,
« non pas Jésus, mais Fourier, dont vous voyez le
« portrait au-dessus de cette porte. — Les fourié-
« ristes, en général, et Considérant, en particulier,
« ont fait fausse route. En se lançant dans la poli-
« tique, ils ont tout gâté. — Que l'homme au pou-
« voir soit Thiers, Napoléon III ou Henri V, c'est in-
« différent, pourvu qu'il maintienne l'ordre de la
« façon la plus énergique. — L'influence corruptrice
« ou *moralisatrice* (1) des gouvernants est une idée
« sans fondement réel; du reste, les idées propre-

(1) Dict. Littré, mot *Moraliser.* XIV⁰ s. Dochez.

« ment dites sont et seront ce qu'elles ont toujours
« été, sans qu'il soit besoin désormais de s'en préoc-
« cuper. »

(*b*, p. 14.) Ceux qui rejettent les principes religieux, comme hypothétiques, inutiles ou nuisibles, se fondent sur une observation très-juste en elle-même, et très-fausse quant à la conclusion qu'ils en tirent. — Cette observation consiste en ce que, *la plupart du temps, les personnes de la moralité la plus incontestable ne comprennent pas la nécessité, pour bien faire, de se rendre tout à fait évidente et certaine la réalité de Dieu, de la vie future et de la liberté.* — Voici maintenant une autre observation du même genre, sur laquelle on n'arrête pas aussi communément son attention : *Il existe des hommes d'un esprit excellent, n'ayant bénéficié d'aucune instruction, qui sont devenus pratiquement calculateurs, géomètres ou mécaniciens. Eh bien, à l'un d'eux, supposé inculte, à part ce développement spécial de son intelligence, si vous disiez que la géométrie s'enseigne en la déduisant à la rigueur, et par une longue chaîne de raisons, de cet axiome : la ligne droite est le plus court chemin entre deux quelconques de ses points, assurément cet homme vous rirait au nez.* — Laissant au

(1) Dict. Littré, mot *Réprouvable*, Citat. XIVᵉ s. Oresme.

lecteur le soin de tirer la conclusion du rapproche-
ment des deux observations précédentes, nous ajou-
terons ceci : en tant qu'habitude à inculquer, la morale est faite, non pas pour les adultes qui exercent
une profession au contentement de tous, mais pour
les enfants et les gens malhonnêtes. — Or, à ce point
de vue, les trois principes religieux ne sauraient
être considérés comme problématiques, indifférents
ou *réprouvables.*

Puisque nous voilà sur le terrain de la méthode,
un mot encore. On s'étonnera sans doute que nous en
parlions à propos d'enseignement moral. Et cependant le rapport est incontestable, attendu que la méthode, conçue au point de vue le plus général, est
une et universelle, naturelle et *analytique* ou *induc-
tive* (nous n'employons ce dernier mot que pour nous
conformer au langage philosophique, vicié de notre
temps). Par le qualificatif *analytique* nous expri-
mons, bien entendu, que la méthode, naturelle à
l'esprit humain, consiste à se transporter d'une observation particulière et concrète, par un enchaîne-
ment plus ou moins compliqué d'autres observations,
à un principe, ou à des principes généraux et abstraits, non pas quant à ce qu'ils représentent à
l'intelligence, mais généraux et abstraits quant
à leur manière d'être dans l'entendement, puis,
lorsque l'on est arrivé à la conception de ces

axiomes fondamentaux, on en déduit *synthétiquement* un plus ou moins grand nombre de vérités.
On dirait volontiers aujourd'hui *mathématiquement,*
au lieu de *synthétiquement,* mais nous nous gardons
avec soin de cette façon de parler, parce que la
marche analytique est la véritable voie de découverte et d'enseignement élémentaire, en mathéma-
tique aussi bien qu'en toute autre science.

(*c,* p. 14.) La philosophie voltairienne est un com-
posé de deux éléments contradictoires. L'un est très-
nettement religieux, c'est le *déisme,* l'autre, auquel
nous faisons allusion dans le texte, est radicalement
sceptique, c'est le *probabilisme épicurien.* — Voltaire
tint évidemment le premier de la nature ou, ce qui
est tout un, de Dieu, et le deuxième des hommes, en
partie, pour quelque peu des Anglais, par son séjour
en Angleterre, mais incomparablement plus des
P. jésuites qui firent son éducation. (Il est surprenant
que l'on ne prenne pas plus de souci de l'action
qu'exercent les éducateurs sur les esprits, à l'âge où
la raison commence à s'éveiller.) — Cet homme ex-
traordinaire, à qui Joseph de Maistre voulait faire
élever une statue par la main du bourreau, et qui
eût été un nouveau Descartes, sans ses premiers ins-
tituteurs, nous a légué, dans ses œuvres, le témoignage le plus manifeste de la coexistence, autour de

lui, pendant sa vie, des deux influences traditionnelles, dont l'une, réveillée par les penseurs du dix-
septième siècle, venait du christianisme primitif, véritable religion naturelle et, par conséquent, divine.
Quant à l'autre, elle était le mauvais reliquat, toujours vivant, des antiques religions amalgamées de
pratiques et de dogmes déterminés fatalement par
le libre arbitre humain.

(*d*, p. 15.) Depuis deux siècles surtout, la tradition
que vous aviez laborieusement construite, à l'imitation savante et fidèle de vos prédécesseurs dans le
gouvernement de Rome, n'a pas cessé de perdre de son
prestige. Votre action spirituelle se dissipe si vérita-
blement de plus en plus que, pour revendiquer une
infime part, à vous, dans la diffusion des lumières,
malgré toute l'ardeur de votre zèle, vous ne pouvez
alléguer qu'une phrase banale de Lambertini, ré-
veillé de la léthargie pontificale, sous la poussée
d'un bel esprit, car Voltaire n'était ni un savant, ni
un penseur, il l'était si peu que l'un de ses plus fer-
vents dévots, Gœthe, lui octroie toutes les qualités
du grand écrivain, moins la profondeur et la perfec-
tion.

(*e*, p. 16.) Descartes, faisant allusion encore à la
restauration, accomplie par lui, du véritable Evan-

gile, ajoutait, dans son livre *De la recherche de la vé-rité par la lumière naturelle :* « Je ne mérite pas plus « de gloire pour avoir fait ces découvertes que n'en « mériterait un paysan pour avoir trouvé par hasard « à ses pieds un trésor qui, depuis longtemps, aurait « échappé à de nombreuses recherches. »

(*f*, p. 16.) Entre toutes les erreurs commises par les commentateurs de Descartes, et leur nombre est considérable, la plus énorme, peut-être, est celle qui le pose en négateur du lien traditionnel rattachant l'individu à l'espèce.

(*g*, p. 16.) Notre grand comique, disciple du moderne apôtre d'Epicure, est une invention fantaisiste, uniquement fondée, d'une part, sur la présence de celui-là, jeune, dans la classe de celui-ci, et, d'autre part, sur le discrédit où était tombé le cartésianisme dans l'opinion des écrivains du dix-huitième siècle. Quant à Molière, spiritualiste cartésien, c'est un fait irrécusable pour ceux qui ont lu ses œuvres avec l'intention réfléchie d'y découvrir sa pensée philosophique. (Jamais un lecteur, attentif et non prévenu, *des cinquièmes objections et des réponses*, et Poquelin les avait lues, ne sera gassendiste.) Du reste, dans ses entretiens avec ses amis, où la question métaphysique revenait fréquemment, Molière, d'après les témoignages contemporains, se prononçait toujours en faveur de Descartes.

(*h*, p. 17.) Il est dit dans l'acte de soumission souscrit par les P. de l'Oratoire : « Il ne faut point « s'écarter des principes d'Aristote, pour s'attacher à « la nouvelle physique de Descartes, dont le roi a eu « de bonnes raisons pour empêcher l'enseignement.» (V. Cousin, *Journ. des savants*, année 1838.)

(*i*, p. 18.) « On a tellement assujetti la théologie à « Aristote, dit Descartes, qu'il est impossible d'ex-« pliquer une autre philosophie qu'il ne semble *d'a-* « *bord* qu'elle ne soit contre la foi. » (Œuv., édit. Cousin, t. VI, p. 73.)

(*j*, p. 18.) La constitution sociale et la religion, considérée en tant qu'enseignement pratique d'o-béissance et de piété, ne doivent pas être confon-dues avec les interprétations philosophique dont cette religion est plus ou moins susceptible, car, par cette confusion, le point de vue est tout autre que celui auquel nous devons nous placer ici. C'est à cet autre point de vue qu'il est dit dans l'Evangile : *Nous ne sommes point venu abolir la loi,* ce que Des-cartes traduit par ces mots : « *Rien n'est plus uncien que la vérité.* » En effet, la philosophie, la loi gravée dans nos âmes, la raison ou la vérité est apparue dans le monde, avec l'humanité, et n'a pas surgi, absolument nouvelle, avec le Christ.

(*k*, p. 18.) C'est ce qu'exprime Jésus, disant aux pharisiens : « Le royaume de Dieu ne viendra point « de manière qu'il frappe les regards, on ne dira « point : il est ici ou il est là, car le royaume de Dieu « est au dedans de vous. » Cette locution, *royaume de Dieu*, n'exprime rien de surnaturel, quoiqu'il n'y paraisse pas, pour celui qui ne s'est jamais interrogé sur la notion vraie du premier principe des choses. L'homme est la combinaison intime d'un esprit et d'un corps humain, dans laquelle celui-là seul contient l'intelligence, et celui-ci, le sentiment, l'imagination et la mémoire organiques, transmuables par l'esprit, et, ainsi transmués, n'appartenant qu'à l'âme elle-même. D'après cela, le royaume de Dieu, plus déterminément accusé encore dans la nature spirituelle que dans la nature corporelle, est principalement la pensée, en qui l'intuition et la liberté sont individues, et en qui résident le véritable paradis et le véritable enfer que nous fait connaître la lecture de l'Évangile.

(*l*, p. 24.) C'est un fait acquis que, lorsque deux hommes pratiquent le même métier avec droiture et habileté, et tous les deux avec une égale droiture et une égale habileté, généralement, si l'un ne sait ni lire ni écrire, il juge beaucoup plus solidement et beaucoup plus clairement de ce qui se présente (1), parce qu'il a été sans doute forcé à plus d'efforts intellectuels que son camarade ayant profité de l'instruction primaire, telle qu'on la donne, c'est-à-dire d'une façon trop strictement spéciale.

(*m*, p. 26.) Ce triomphe insolent a toujours été le signe de l'abaissement des sociétés. Et sa conséquence la plus inévitable et la plus funeste consiste dans ce fait que les personnages les plus honorables s'effarouchent de l'ombre du mal qui se voit, et ne s'offusquent en rien de sa réalité la plus efficiente, pourvu qu'elle se cache. C'est ainsi que vous avez décliné l'honneur d'être le collègue d'un puissant ouvrier, à qui le Sauveur, par les œuvres, eût certainement tendu la main, tout en ne disant pas comme lui, car, sous le masque des mots, il inspectait le visage des choses. Certaines gens prétendent, mais nous répugnons à le croire, que, dans une autre académie, vous ne vous fussiez pas privé de vous asseoir à côté de celui dont le maître disait : « Il fut toujours en tra-
« hison, mais, toujours aussi, de complicité avec la

(1) Voir Œuvres de Descartes, édit. Cousin, t. XI, p. 215.

« fortune (1).» A coup sûr, devant celui-là, le fils du charpentier eût passé sans le voir, attendu que rien n'est plus *anti-social* et *anti-chrétien* (2), et, par conséquent, plus exécrable et abominable que cette maxime placée, par Molière, dans la bouche du plus infâme des coquins, selon lui : « Il faut profiter des « faiblesses des hommes, et c'est d'un sage esprit de « s'accommoder aux vices de son siècle. » (*Don Juan ou le Festin de Pierre*, acte V, sc. 2.)

(*n*, p. 26.) Malgré votre qualité d'immortel, vous avez besoin que l'on vous explique ce mot : A part sa signification monastique, on ne lui connaît que trois sens. — D'abord, les *vrais*, auxquels on doit d'avoir sauvé la France. Joseph de Maistre atteste ce fait. D'autre part, le premier consul disait : « Il a existé « une époque où tout homme ayant l'âme un peu « élevée devait être jacobin, je l'ai été moi-même « comme tant d'autres milliers de gens de bien. »

(1) *Mémorial de Sainte-Hélène.*

(2) *Anti-social* est équivalent de *anti-chrétien*, et ceux-là s'abusent qui, comme J.-J. Rousseau, s'imaginent que le vrai christianisme, loin d'attacher les citoyens à l'Etat, les en détache, et les détache également de toutes les choses de la terre. La confusion monstrueuse de la philosophie chrétienne et du philosophisme néoplatonicien, qui a triomphé avec Origène, Antoine et Athanase, est le contraire précisément du christianisme politique de Paul et de Jésus.

Ensuite, les *faux*, en nombre infime, qui voudraient faire une théorie politique de ce qui n'était qu'un ramassis d'expédients, arrachés par les plus épouvantables conjonctures au désespoir de nos pères. Enfin, dans le vocabulaire du marquis de Carabas et de la marquise de Pretintailles, dont Sa Majesté Louis XVIII riait aux larmes, on appelait *jacobins* tous les opposants à la restauration absolue de l'ancien régime. Or, votre texte, à cause de la variété des opinions de ceux à qui vous appliquez ce mot, ne permet que la troisième interprétation. — A vous maintenant de décider si nous avons mal dit, en traitant de malheureuse l'épithète que vous avez choisie.

(*o*, p. 30.) La loi d'organisation doit préserver, autant que possible, les votants de l'influence de ceux sous la dépendance desquels ils sont avec trop d'évidence.

Imprimé par Charles Noblet, rue Soufflot, 18.